Herbert 的生日

Herbert de Shengri

(Herbert's Birthday)
© 2014 by Terry T. Waltz
Published by Squid For Brains, Albany, NY USA

ISBN-13: 9781946626110

今天是 Herbert 的生日。

他 想吃 披萨。
他 很 喜欢 披萨。

Herbert 在 New York。
在 New York 有 Burger Queen。

在 Burger Queen 有汉堡包。

Herbert 生气，因为他不想吃汉堡包。

他想吃披萨,因为今天是他的生日!

Herbert 的朋友请他吃鸡肉。

女人都说，
我很好看。

Herbert 的 朋友
在 Rome。
他 叫 Giuseppe。

Herbert 喜欢吃鸡肉。
但是，今天他
不想吃鸡肉。

"Herbert,你为什么不想跟我吃鸡肉？Rome 的鸡肉好吃！你不喜欢吗？"

"我 很 喜欢 吃 鸡肉。谢谢 你 请 我 吃 鸡肉。

但是今天是我的生日。我不想吃雞肉。"

Giuseppe 很生气！他很生气，因为他请了 Herbert 吃鸡肉，但是 Herbert 不想吃。

Herbert 哭,因为他朋友生他的气。

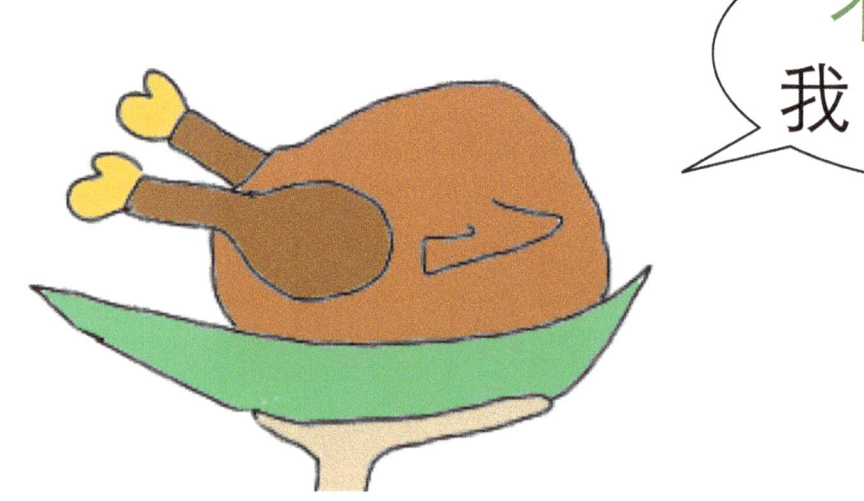

但是 Herbert 不是 跟 朋友 去 吃 鸡肉 的。

Herbert 去 Paris。
他 在 Paris 有 朋友。

在 Paris 的 朋友 叫 Pierre 。

在 Paris 的 朋友 请 Herbert 吃 croissants。

Herbert 喜欢吃 croissants。
但是，今天 Herbert 不想吃 croissants。

Herbert 的 朋友 很 生气!

"Herbert, 你为什么不想跟我吃 croissants?

Paris 的 croissants 好吃！Paris 的 croissants 很大！你不喜欢吗？"

"我很喜欢吃 croissants。谢谢你请我吃 croissants。

但是 今天 是 我 的 生日。我 不 想 吃 croissants。

我想吃披萨!"

Pierre 很生气！他很气，因为他请了 Herbert 吃 croissants，但是 Herbert 不想吃。

Herbert 哭，因为他朋友生他的气。但是 Herbert 不是跟朋友去吃 croissants 的。

Herbert 去 Hong Kong。
Herbert 在 Hong Kong 的朋友 叫 A-San。

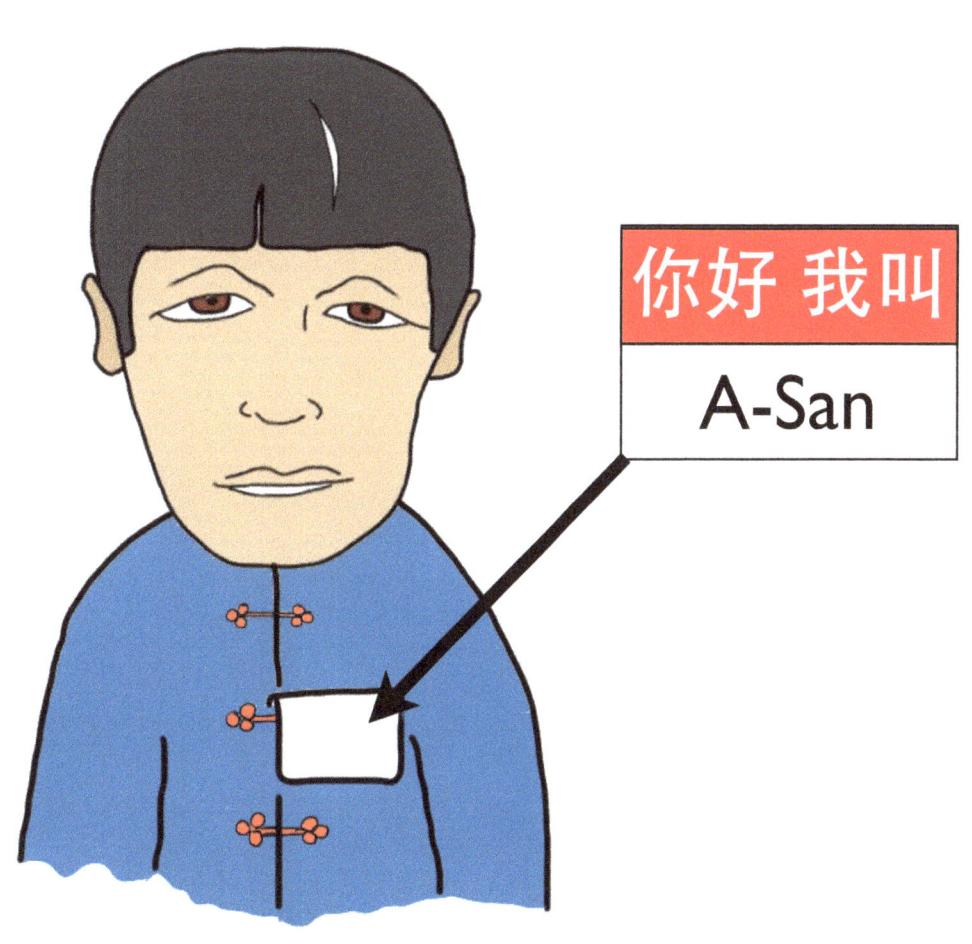

A-San 请 Herbert 吃 dimsum。Herbert 喜欢吃 dimsum。

Herbert 的 朋友 很 生气！

"Herbert，你为什么不想跟我吃 dimsum？Hong Kong 的 dimsum 好吃！

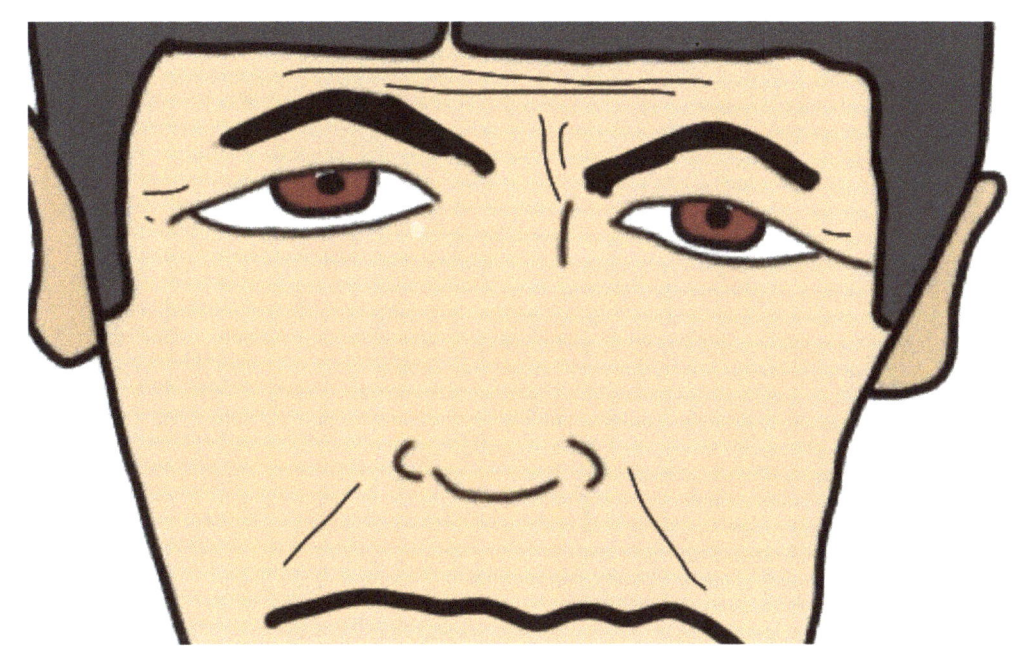

你不喜欢我吗?"

"我很喜欢你。
谢谢你请我吃
dimsum。

但是 今天 是 我 的 生日。
我 不 想 吃 dimsum。

我 想 吃 披 萨！"

A-San 很生气!他很生气,因为他请了 Herbert 吃 dimsum,但是 Herbert 不想吃。

"朋友 请 我 吃 鸡肉、croissants 跟 dimsum,但是 我 想 吃 披萨!"

Herbert 很生气。
他去 New York。

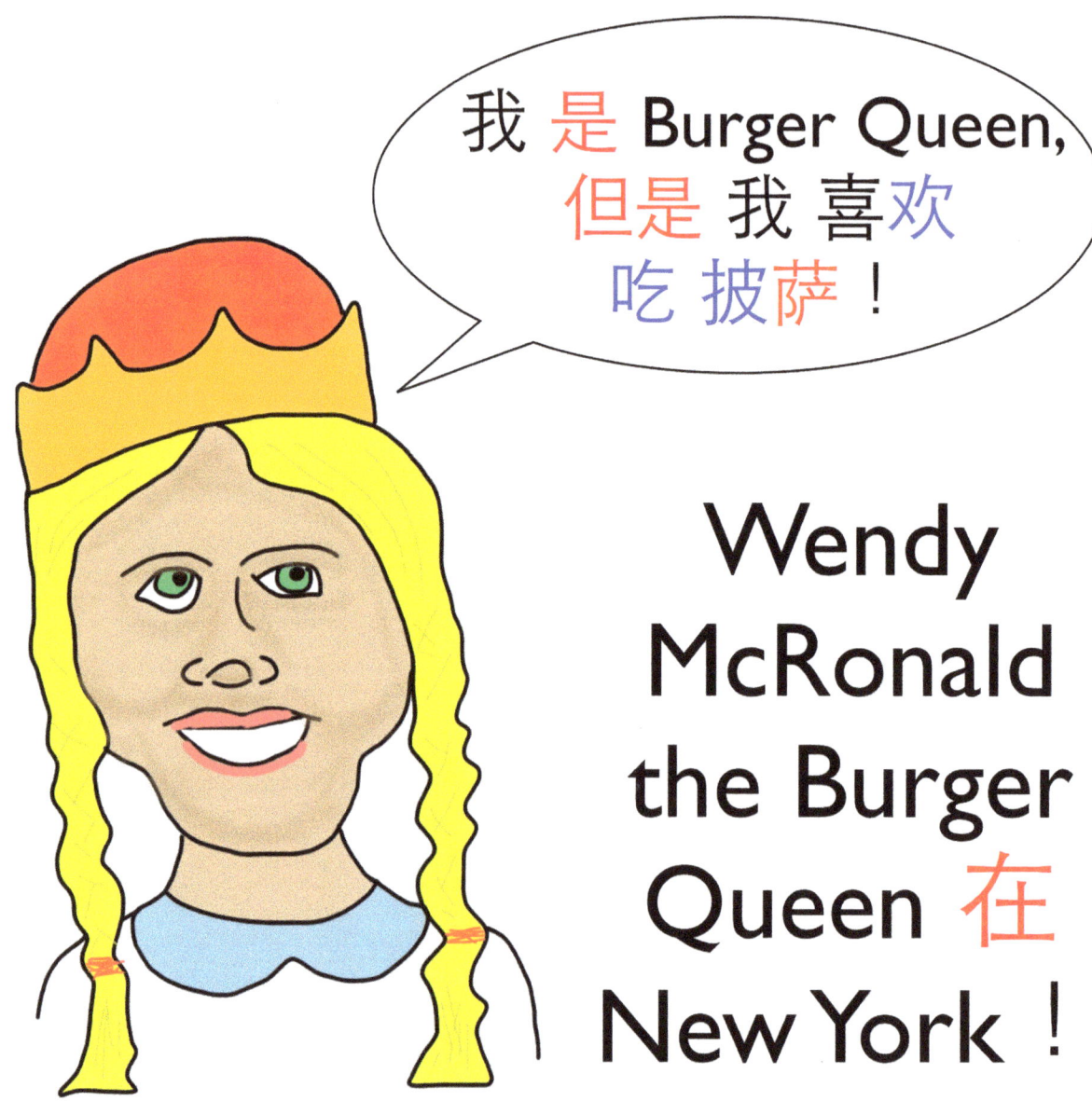

www.ingramcontent.com/pod-product-compliance
Lightning Source LLC
Chambersburg PA
CBHW051249110526
44588CB00025B/2930